AF263851

PAROLES

DE

Mgr MERMILLOD, ÉVÊQUE D'HÉBRON,

POUR L'ANNIVERSAIRE DE LA MORT

DE

SIMON-MARIE-ANTOINE-JUST

RANFER DE BRETENIÈRES,

prêtre de la congrégation des Missions étrangères,

MARTYRISÉ A SÉOUL (CORÉE)

le 8 Mars 1866.

1867

Le 8 mars 1867, jour anniversaire de la mort de M. Just
de Bretenières, Mgr l'Évêque de Dijon célébrait dans sa
cathédrale, en mémoire de cette mort glorieuse, une messe
solennelle d'actions de grâces. Une foule immense rem-
plissait les trois nefs. Deux cents prêtres étaient accourus à
la cérémonie. Après la Messe, Mgr Mermillod est monté en
chaire, et il a improvisé une oraison funèbre qu'essaient de
reproduire ici, bien imparfaitement, hélas! quelques audi-
teurs de bonne volonté. Mais ce qui ne peut être reproduit
à aucun degré, c'est la puissance de la parole vivante, c'est
l'action oratoire du prédicateur, c'est le courant électrique
qui s'établit si vite entre son émotion personnelle et l'émotion croissante d'un grand auditoire. *Quid si audivisses!...*

Au moment de mettre sous presse, nous apprenons qu'une plume
très autorisée écrit la vie de M. Just de Bretenières, où trouveront
place toutes les circonstances de son martyre et beaucoup de détails
qui n'ont pu être connus de Mgr l'Évêque d'Hébron.

8 Mars 1866. — 8 Mars 1867.

———▷★◁———

> *Consummatus in brevi, explevit tempora multa.*
>
> Immolé rapidement, il a égalé la gloire d'une longue vie.
>
> (Sagesse, chap. iv.)

Monseigneur,

Mes bien-aimés Frères,

Votre cité est en fête, la joie règne dans cette enceinte, et pourtant, par un contraste étrange, un des vôtres moissonné à la fleur de l'âge tombait, à pareil jour, il y a un an, à quelques mille lieues d'ici : nous célébrons son courage, nous recueillons son sang, nous transfigurons sa mort avec le sens catholique, et voilà pourquoi, au lieu de tentures funèbres, nous prenons les vêtements de fête.

Il ne s'agit point ici d'un éloge vulgaire, de quelques paroles banales jetées au vent sur une tombe ordinaire ; cette enceinte parée de peuple, ce clergé vénérable, cette multitude qui remplit votre vaste cathédrale, tout cela ne montre-t-il pas que vous vous associez à un triomphateur ? Oui, votre jeune compatriote est désormais une gloire nationale, sa mémoire aimée est l'honneur de votre cité, son sang un patrimoine de famille. Aussi, quand votre vénéré Pontife m'a invité à vos fêtes, c'est avec bonheur que, malgré mes fatigues et mon impuissance, je suis venu vous redire, comme un écho affaibli, ce que vous sentez tous, apportant mon témoignage et mon affirmation à ce témoin généreux de Jésus-Christ.

Monseigneur, déjà, il y a peu de temps, vous m'aviez convié à de bien douces solennités ; vous avez voulu me montrer qu'en revenant ici je trouverais toujours le peuple aimable et gracieux qu'a tant aimé S. François de Sales ; je retrouverais ce clergé généreux qui marche si bien sur vos traces, et travaille sous votre main, près de votre cœur. Vous avez voulu que je vinsse célébrer avec vous celui qui fut votre fils, que vous avez béni, mais qui, dans l'ordre des préséances éternelles, règne maintenant au dessus de vous, puisqu'il porte sur son front la couronne des martyrs, qui surpasse celle des pontifes. Vous pouvez dire en effet de lui ce que disait autrefois le patriarche Jacob en parlant de Joseph : « Je vois sa jeune gerbe dominatrice s'élever au dessus de ma tête. » Cependant, Monseigneur, votre épiscopat est chargé d'ans, de travaux, de souffrances aussi, mais votre vieillesse est féconde, *adhuc multiplicabuntur in senecta uberi* ; elle est féconde et par la résurrection de vos anciennes Eglises, et par la formation de ces jeunes missionnaires qui vont porter la foi aux peuples les plus éloignés. Je ne suis du reste ici qu'un écho de votre foi et de votre tendresse ; je veux m'associer, moi aussi, à vos cantiques, et dire ce qu'a été ce jeune homme, ce jeune prêtre. Je n'apporte dans cette chaire, ni un éloge funèbre, ni un panégyrique, je ne veux que commenter rapidement, dans une improvisation malheureusement insuffisante, cette parole de saint Jérôme que *le sang des Martyrs est la force des âmes, et la gloire des peuples.*

Toutefois, avant de poursuivre, il est nécessaire de déterminer exactement le sens de cette cérémonie. Ce n'est qu'au Souverain Pontife et au Saint Siége qu'il appartient de déclarer ceux qui sont inscrits à jamais dans le livre de vie, et de leur décerner un culte public. Il peut sans doute se faire, comme Benoit XIV lui-même nous l'enseigne, qu'il y ait une sainteté déjà appréciable, que le cri public affirme ; mais néanmoins, le Souverain Pontife s'étant à juste titre réservé le privilége de la canonisation des saints, privilége qu'il exerce avec infaillibilité, il ne nous est pas permis de nous écarter des règles précises qu'il a tracées. Voilà pourquoi les paroles que nous vous faisons entendre n'ont dû être prononcées qu'après le saint sacrifice de la messe ; elles ne sauraient faire partie de l'acte auguste, et nous ne devons point adresser de supplications publiques à celui que nous pouvons invoquer dans le sanctuaire de nos cœurs.

Ces réserves faites, ces précautions prises, afin de garantir l'avenir de la gloire qui se lèvera un jour sur cette tombe, — quand je l'appellerai *martyr*, ce sera dans un sens large et non dans le sens précis et définitif de l'Eglise. — Car, vous l'avez compris, mes bien-aimés frères, je ne suis en ce moment qu'un précurseur, une voix qui annonce ce que l'Eglise fera un jour. Cette cérémonie n'est que la préparation d'une solennité beaucoup plus grande, d'une solennité décrétée par le seul Pontife romain. Alors ce sera plus qu'un éloge funèbre, ce sera un véritable panégyrique. Commencée sous les voûtes de Saint-Pierre, cette fête se continuera à Dijon, elle s'étendra à toute l'Eglise, et s'achèvera, je l'espère, sur les rivages lointains de la Corée.

Dans la vie simple et cachée dont je viens vous parler, il n'y a pour ainsi dire qu'une pensée, jusqu'à l'heure de l'éclat; c'est la pensée du silence et de l'anéantissement. Je chercherai néanmoins à saisir quelques traits principaux, que j'ai dû demander rapidement, ce matin même, au témoignage de ceux qui l'ont connu dans le monde et sous le toit du séminaire ; au témoignage du vénéré supérieur des Missions étrangères, qui est ici présent (1), qui l'a préparé au martyre comme il y prépare ses fils, qu'il envoie porter la lumière de l'Evangile jusqu'aux extrémités de la terre ; admirable paternité, catholique comme l'Eglise, et vaste comme le monde ! J'ai demandé ces détails à de jeunes prêtres, qui ont vécu dans l'intimité de Just de Bretenières, à des hommes du monde qui l'ont connu, qui l'ont aimé et qui pleurent en parlant de lui ; que ne puis-je emprunter leurs paroles, leur accent et leurs larmes ?

Deux mots résument cette existence : Just de Bretenières s'est immolé avant le martyre, il a consommé plus tard son sacrifice par une suprême immolation. Sa vie a ainsi reproduit celle du Divin Maître ; car toute vie de saint n'est que la prolongation de celle de Jésus-Christ dans l'Eglise. Jésus-Christ,

____

(1) M. ALBRAND, mort quelques semaines après, le 6 avril 1867.

c'est d'abord l'anéantissement de la vie cachée, c'est ensuite la lutte de la vie publique,
c'est enfin le couronnement par la mort sanglante. Vie divine, qui se renouvelle dans le
saint sacrifice de la messe ! Qu'est-ce en effet
que la messe, sinon la préparation du sacrifice,
puis l'immolation et la consommation de la
victime ? La vie d'un martyr, c'est, pour ainsi
parler, une messe que Jésus-Christ dit avec un
élément humain, avec une victime choisie, dont
il laisse couler le sang sur la terre pour y faire
germer des âmes. Votre jeune compatriote a
donc eu cette double existence : vie de préparation au martyre et couronnement par une
glorieuse immolation.

JUST DE BRETENIÈRES sortait d'une famille ho-
norable, qui joint à de grandes traditions de
magistrature la fidélité des dévoûments chrétiens, de grandes et généreuses austérités pour
le Christ. Il naquit, non dans votre cité, quoi-
qu'il lui appartînt par son origine, mais à Cha-
lon, où sa famille résidait accidentellement,
comme s'il avait dû toucher la terre d'Autun,
qui a les grands souvenirs de saint Symphorien,

comme s'il avait dû s'abriter sous l'auréole de la bienheureuse Marguerite-Marie, et puiser près du cœur de Jésus le secret de l'immolation.

Le jour même de sa naissance temporelle, sa mère ne se laissant arrêter ni par les frimas, ni par les petites considérations du siècle, l'envoie recevoir la grâce du baptême. Cette mère vraiment chrétienne, qu'il m'est permis de louer puisqu'elle n'est pas ici, voyait avant tout dans l'enfant que Dieu lui donnait, une âme à régénérer, et en imprimant sur son front les stigmates brûlants de ses lèvres maternelles, elle le préparait au martyre.

Il est baptisé, il n'a plus qu'à grandir sous la protection vigilante de son père et de sa mère, dont les mains, en se croisant, forment sur sa tête un arc de triomphe de fermeté et de tendresse.

Il revient parmi vous ; à mesure qu'il avance en âge, il marche d'un pas ferme et égal dans les voies de la vertu. Il était déjà âpre à lui-même, et toutefois doux et simple, gracieux et avenant. Ce qui apparaissait en lui au premier abord, c'était la douceur, la pureté, la candeur.

On voyait sur son front je ne sais quel reflet de la jeunesse de saint François de Sales. Il pouvait bien répéter le mot de ce grand saint, alors que jeune enfant il descendait du château de Sales avec sa mère pour visiter les pauvres du village. Celle-ci montrant à François l'église où il avait reçu le baptême, « Mon fils, lui disait-elle, ton plus grand titre de gloire, ce n'est pas le château de tes pères, mais c'est l'église où tu as été fait chrétien. » Et l'enfant comprenant cette première leçon, disait en joignant les mains : « Que je suis heureux ! Le bon Dieu et ma mère m'aiment bien ! » C'est de la même manière, c'est dans les mêmes sentiments, Messieurs, que s'écoulait l'enfance de notre apôtre.

Il y a dans cette vie d'enfant un trait que je ne puis passer sous silence. Just n'avait encore que quelques années. Un jour, à la campagne, dans ses jeux enfantins avec son frère, il creusait la terre ; tout à coup il s'arrête, applique son oreille contre le sol et paraît écouter ; puis, appelant son frère, il s'écrie (permettez-moi de rappeler ce langage naïf, c'est une page anticipée de la vie d'un saint) : « Christian, viens, viens vite ! mets-toi à genoux

ici, baisse la tête, écoute bien! n'entends-tu
rien? N'entends-tu pas des voix qui m'appellent? » Mais son jeune frère, qui lui avait obéi,
n'entendait rien. Lui, le regard enflammé, le
visage transfiguré : « Ah! moi j'entends, j'entends bien, j'entends les Chinois qui m'appellent
et qui me disent : Just, Just! viens donc à nous,
viens nous sauver! » Je ne sais quelle voix mys-
térieuse, sortant de cette terre féconde qui a
produit tant de saints, lui criait : « Viens nous
sauver! » Je ne puis m'empêcher de me rappeler Jeanne d'Arc, gardant son troupeau sur
les frontières de la Lorraine, et entendant les
voix qui descendaient du ciel et qui lui disaient:
« Viens et sauve la France! » Mais ici les voix
appellent Just à une mission plus haute encore.
Il ne s'agit plus de sauver la France, il s'agit de
sauver des âmes! Et cet appel c'est un cœur
d'enfant qui le reçoit et qui en garde fidèlement le secret jusqu'au jour où il ira, d'un
pied joyeux et le cœur vaillant, porter la foi à
ces peuples lointains, parmi lesquels des voix
mystérieuses l'avaient appelé si jeune!

Les premières années de Just se passèrent
dans la vie de famille. Il reçut dans ce sanc-

tuaire intérieur une éducation conforme aux
traditions chrétiennes, je veux dire sérieuse et
austère, généreuse et virile ; bien différente de
cette éducation molle et vaine qui ne donne à
la vie du jeune homme que le but de jouir et
la suprême destinée de paraître. Ici, au contraire, on lui enseigne à se cacher, à se voiler.
Il entend cette leçon ; il goûte de bonne heure
la folie de la Croix, cette folie qui étonne le
monde et qui est l'objet de ses sarcasmes ; mais
vous, mes frères, vous la comprenez et aujour-
d'hui même vous venez y applaudir !

Just se sentait appelé à la vie sacerdotale ;
après de mûres réflexions, il se décide à entrer
au séminaire. Votre vénéré Pontife vous a dit,
dans sa récente circulaire, quelle surprise, quels
regrets et même quels murmures s'élevèrent
quand on vit un jeune homme si bien doué, à
qui son nom, sa fortune ouvraient une carrière
facile, une carrière brillante, laisser tout cela
pour prendre le vêtement funèbre des prêtres de
Jésus-Christ. Le monde ne comprit rien à ce
dévouement.... Le monde sera donc perpétuellement le monde, perpétuellement frivole, perpétuellement aveuglé ! Quoi ! le monde ne com-

prend pas ce qu'il y a de grand à mettre sous ses pieds un peu d'or, un peu de gloire terrestre, pour s'en aller, le cœur épris, l'âme ardente, travailler au salut de ses frères, et jeter à l'horizon ce vieux cri : « *Da mihi animas, cœtera tolle tibi !* »

Just entre donc à Saint-Sulpice sous la conduite de ces maîtres vénérés et habiles qui ont formé tant de grandes âmes. Là, on le vit toujours simple et bon, doux et oublieux de lui-même, ne s'occupant que de ses jeunes collègues. Il étudiait sa vocation.

Un jour, ainsi que me le racontait il y a à peine quelques instants un de ses jeunes parents, il traversait les rues de Paris avec un ami qui avait comme lui un nom illustre, de la fortune, et qui voulait se donner aussi à Jésus-Christ ; ils allaient ensemble visiter un confrère malade. Ils entrent à Saint-Roch, où le Saint-Sacrement était exposé à la vénération des fidèles. Just l'adore avec cette piété et cette ferveur qui le distinguent, puis en sortant il prend la main de son ami et lui dit : « Si nous restons à Paris, nous serons peut-être, dans un an ou deux, vicaires de Saint-Roch ou de quelqu'autre paroisse semblable; cet avenir ne me suffit pas! » En effet il voyait passer devant ses yeux la magnanime figure de votre grand compatriote, le Père Lacordaire. Cette figure l'attirait : il se sentit un moment pressé de prendre le blanc vêtement des Frères-Prêcheurs, le vêtement de la pureté, de la générosité, du sacrifice. Mais le souvenir des voix qu'il avait entendues dans son enfance retentit tout à coup à ses oreilles au milieu de la forêt de Meudon, où il se retirait souvent pour prier. Enfin il peut librement répondre à l'appel de son Dieu, et il sort d'Issy pour aller demander asile au séminaire des Missions étrangères.

Ce monument, l'un des plus intéressants et des moins connus de la capitale, est, vous le savez, adossé à l'établissement des Sœurs de Saint-Vincent-de-Paul, comme si ces deux institutions étaient destinées à s'appuyer l'une sur l'autre et à se compléter; et en effet la Sœur de Saint-Vincent-de-Paul ne porte-t-elle pas la tendresse de son cœur et le pain matériel à ceux qui sont privés de pain et d'affection, tandis que le missionnaire porte au loin le pain de la vérité, le sang du Christ et son propre sang?...

2*

Vous le savez, mes frères, il n'est pas permis à ces jeunes apôtres, à ces candidats du martyre, de demander le lieu de leur destination. Naguère à Amiens, dans la cathédrale en fête, je parlais d'un évêque qui a aussi arrosé de son sang le sol de la Corée ; eh bien ! sa famille me racontait que jamais il ne lui avait fait part du désir qui le poussait vers cette terre inhospitalière. Ce n'est qu'en abordant ces rivages lointains qu'on l'entendit s'écrier : « Je la touche enfin cette contrée désirée ! Je n'en ai jamais parlé qu'à Dieu et à la Sainte-Vierge et ils m'ont exaucé. »

Votre jeune compatriote brûlait du même désir, mais il lui était interdit de l'exprimer ; il lui échappait seulement de loin en loin des effusions d'âme qui révélaient un vœu secret refoulé au plus profond de son cœur. Un jour qu'un évêque, tombé depuis martyr comme lui, partait pour une lointaine mission et recevait dans le solennel baisement des pieds un suprême adieu, Just lui saisit la main et lui dit avec un accent qui trahissait son ardeur : « Priez pour moi ! oh, priez pour moi ! » Un autre jour, s'adressant à un de ses amis dont la sœur se

vouait au sacrifice dans la vie religieuse : « Di-
tes-lui bien de prier pour moi, lui répétait-il,
non pas un jour, mais toujours. » Et il ajoutait :
« Oui, je le sens bien, je veux moi aussi m'im-
moler, me sacrifier. »

Rien ne pouvait, ce semble, apaiser cette
soif du sacrifice. Au sortir d'une lecture spiri-
tuelle où l'un de ses maîtres avait parlé de la
sainteté nécessaire au prêtre et au missionnaire,
Just disait à l'un de ses amis : « Nous autres, nous
ne sommes encore que des dévots en peinture ;
il faut commencer à le devenir réellement. » Et
cependant, vous le savez, mes frères, il avait
renoncé à la fortune, à sa famille ; il était dans
une cellule pauvre et nue, travaillant le jour,
priant la nuit..... Maintenant que devons-nous
penser, chrétiens, de vos dévotions faciles et des
transactions de ceux qui passent si aisément de
la table sainte dans le monde pour y chercher
de vains applaudissements et y goûter les
joies trompeuses du plaisir ? Que faut-il penser
de ce que j'oserai appeler l'acclimatation de la
piété dans les salons ? O jeune saint ! paraissez
au milieu de nous, sortez de votre cellule, mon-
trez-nous votre soutane pauvre et déchirée, et

dites, dites de quel côté sont les dévots en peinture.

Just se préparait ainsi à la carrière de l'apostolat par une vie sainte et généreuse, une vie d'abnégation et d'anéantissement. C'est un pieux usage que les élèves du séminaire des Missions étrangères s'exercent à leur futur ministère dans les carrières de Meudon auprès d'obscurs travailleurs. Aucune occupation ne plaisait davantage à notre jeune apôtre ; c'était sa joie la plus douce, c'était sa récréation la plus chère. Là il enseignait les pères, il catéchisait les enfants ; ce qu'il recevait de sa famille était consacré soit à distribuer des secours, soit à subvenir à des pensions. Il adoptait de pauvres enfants : c'est ainsi qu'il ramassa sur le chemin de l'oubli, et peut-être du péché, une pauvre jeune fille, et qu'il la donna à sa mère, comme une fleur cueillie sur la fange, en souvenir de son apostolat et de son martyre.

Quelque grand que fût son zèle, il pensait toujours n'en pas avoir fait assez. Se trouvant un jour au fond des bois avec un de ses amis, il s'arrête tout à coup, lui prend la main et lui dit : « Mon ami, accordez-moi une faveur : je

veux vous considérer un moment comme le re-
présentant des ouvriers des carrières ; laissez-
moi me mettre à genoux devant vous, je vous
baiserai les pieds et je vous demanderai pardon
de les avoir scandalisés. » Son ami recule,
étonné et confus. Alors Just, avec une naïveté
que j'appellerais adorable (si j'osais me servir
de ce mot que l'on a si souvent profané), ajoute
aussitôt : « Et quand j'aurai baisé vos pieds, je
me relèverai et je vous donnerai ma bénédiction. » Et disant ces mots il tombe à genoux,
il baise les pieds de son ami en répétant : « Je
vous demande pardon de tous les mauvais
exemples que j'ai pu donner aux ouvriers, de
toutes les paroles d'orgueil que j'ai eues en les
visitant. Je vous demande pardon de ne les
avoir pas assez aimés. Et maintenant, ajoute-t-
il en se relevant, laissez-moi vous bénir, » et il
le bénit.

Je ne connais rien de plus beau et de plus
touchant que cette scène. Le voyez-vous, ce
jeune prêtre, qui baise les pieds de la pauvreté,
de la souffrance, et qui ensuite la bénit ! N'est-
ce pas un magnifique symbole de l'Eglise catholique ? Elle s'est abaissée, elle aussi, elle

s'est agenouillée devant la pauvreté pour l'é-
lever ensuite ; elle a fait monter l'ouvrier de
l'esclavage au servage , du servage au travail
libre , et elle veut le bénir ! Laissez-la donc
s'approcher du peuple pour l'instruire , pour
l'éclairer, pour le consoler. Ah ! sachez-le bien,
elle connaît vos questions ouvrières et seule elle
peut les résoudre ! Oui , laissez l'Eglise s'approcher de l'ouvrier ; elle veut le servir, elle ne
veut pas s'en servir, et quand elle l'aura honoré,
quand elle aura baisé ses pieds, elle se relèvera
avec la majesté et la bonté d'une mère, elle le
bénira , elle en fera un travailleur chrétien,
un travailleur qui s'unira à ses frères pour la
civilisation chrétienne et non point pour vos ré-
volutions !

Cet amour de la pauvreté , Messieurs, n'était
pas un vain mot pour notre apôtre. Il avait renoncé généreusement à la fortune et à toutes les
promesses du siècle , mais ce n'est point assez
pour lui. Il lui fallait la pauvreté complète, la
pauvreté du missionnaire, qui n'a pas même
où reposer sa tête. Voilà pourquoi, en entrant
dans sa cellule des Missions étrangères , il avait
jeté ce mot courageux qui peint son âme tout

entière : « Ah ! depuis plus de vingt ans je dé-
sire être pauvre, je vais donc l'être enfin ! »

Voilà, mes frères, les vertus par la pratique
desquelles Just se préparait au sacerdoce. Vint
enfin le jour tant désiré où il célébra sa première messe. J'en ai eu deux récits : l'un d'un
homme du monde, homme de foi et de cœur,
qui porte avec honneur un nom cher à votre
cité, et qui est demeuré fidèle aux traditions
paternelles ; l'autre du vénérable prêtre qui a
baptisé le jeune martyr, qui lui a fait faire sa
première communion, l'a assisté à sa première
messe, lui faisant ainsi monter par degrés les
ascensions du suprême sacrifice ; il est ici présent, vous me permettrez de le saluer en pas-
sant. Tous deux se rappellent avec une émotion
qui dure encore, cette piété, cette ferveur du
jeune prêtre, ce visage transfiguré, cette ir-
radiation du ciel qui brillait sur son front, ces
mains frémissantes qui tenaient pour la première
fois le corps de Jésus-Christ, et s'étendaient
pour bénir son père, sa mère, son jeune frère,
tous ses parents et tous ses amis, qu'il devait
bientôt quitter pour ne plus les revoir ici-bas.
Peu de jours après, Dieu lui accordait la faveur

qu'il lui avait si souvent demandée dans le secret de son cœur : il était désigné pour la
Corée.

Il y a au séminaire des Missions étrangères
une scène émouvante, c'est la scène des adieux,
lorsque les jeunes apôtres se préparent à partir
pour porter la foi dans les pays lointains ré-
servés à leur zèle. Ils sont là debout à l'au-
tel, les mains jointes sur la poitrine, vêtus de
leur soutane noire, pendant que le chœur chante
autour d'eux ces paroles du prophète : *Quam spe-
ciosi pedes evangelizantium pacem, evangelizantium bona !* Qu'ils sont beaux les pieds de ceux qui
annoncent la paix, qui annoncent les véritables
biens ! » Et tour à tour les évêques, les supé-
rieurs, les jeunes séminaristes, les vieux missionnaires qui n'ont pas manqué au martyre,
mais à qui le martyre a manqué, tous viennent
dans une procession solennelle baiser les pieds
des nouveaux apôtres.

C'était il y a deux ans, au jour de la fête de
Notre-Dame-du-Mont-Carmel ; Just part avec
quelques autres confrères comme lui destinés à

la mission de Corée. Après un mois ou deux d'une périlleuse traversée, il est obligé de descendre en Tartarie, avant d'arriver à sa destination.

C'est là que, dans la société d'un illustre et saint évêque, Monseigneur Verrolles, il passe plusieurs mois sous un climat terrible, profitant de ce moment d'arrêt pour se familiariser avec les mœurs si étranges des peuples de l'extrême Orient.

Cependant il lui tarde de pénétrer en Corée. Il monte avec ses confrères d'abord dans une jonque chinoise, et ensuite dans une barque coréenne ; ils veulent profiter de la nuit pour aborder ces plages inhospitalières. Un orage éclate durant la traversée, le tonnerre gronde, l'éclair sillonne la nue, les vagues frémissent et menacent à chaque instant d'engloutir la frêle embarcation. Ils sont là quelques jeunes hommes inexpérimentés, se dirigeant eux-mêmes à travers les écueils avec une petite boussole, dernier présent d'un père..... Que vont-ils devenir au milieu de la tourmente, dans les ombres de la nuit ? Mais, quand la terre manque, il reste le ciel ; si la boussole du temps fait défaut, il reste encore la boussole de l'Eternité. Ils invoquent celle que nous appelons l'Etoile de la mer, *maris Stella;* ils font vœu de célébrer une messe en son honneur aussitôt qu'ils seront débarqués. Le calme se rétablit; ils abordent enfin sur cette terre cruelle qui depuis si longtemps boit le sang des martyrs, et qu'ils devaient abreuver encore de leur propre sang.

Just se rend à Séoul, capitale de l'empire coréen. Vous avez ouï dire, mes frères, ce qu'est cette nation barbare qu'il est venu évangéliser; vous savez qu'entre la Chine et le Japon vivent dix millions d'hommes soumis à un gouvernement tellement despotique, que, si le souverain commande à l'un de ses ministres de se donner la mort, celui-ci n'y va pas avec courage sans doute, mais avec soumission. Les mœurs y sont dissolues; je ne sais quelles profanations odieuses se mêlent au culte des idoles. La nourriture y est grossière, les habitations misérables. Les missionnaires sont obligés de se tenir cachés pour éviter les trahisons.

Un saint missionnaire me racontait l'entrée de Monseigneur Berneux sur la terre de Corée :

c'est à minuit, au milieu des ténèbres qu'il y pénètre, à pas clandestins, guidé par un seul catéchiste ; à peine arrivé il est obligé de se cacher dans une cabane de paysan, et c'est ainsi qu'il prend possession de son siége. Rappelez-vous votre joie, mes frères, lorsque votre Pontife vénéré fit son entrée dans votre cité ; les populations émues, le son des cloches, la ville tout entière en fête. Mais là, sur cette terre sauvage, chez ces peuples féroces, il faut entrer comme Jésus à Bethléem, par la pauvreté et l'immolation. Ici, quand nous paraissons dans vos chaires, nous parlons votre langue, vous nous soutenez par votre sympathie, votre bienveillance, vos encouragements ; nos dévoûments sont parfois même trop encensés ; mais là-bas il faut parler une langue étrangère, parler à des cœurs barbares qui ont peine à comprendre, et trop souvent refusent même d'écouter. Ici notre ministère est facile et nous devient souvent agréable ; là-bas au contraire l'apostolat est laborieux, entouré de mille écueils, de mille dangers.

Voilà le ministère qui attendait votre jeune compatriote ; à son arrivée dans la capitale, il est obligé, pour se dérober aux recherches des ennemis du nom chrétien, de se cacher dans une chambre de quelques pieds carrés, où il peut à peine se tenir debout, et qui lui sert à la fois d'appartement, de cabinet de travail et de chapelle.

C'est là qu'il étudie la langue coréenne, façonnant sa voix à des formules âpres et difficiles pour apprendre à ces peuples infidèles la grande formule de l'Eternité. C'est de là qu'il écrit ces lettres admirables où la vivacité de sa foi et l'ardeur de son âme se peignent tout entières. Savez-vous quels étaient ses regrets ? « Il y a bien longtemps, disait-il, que je n'ai entendu le chant de nos églises ; que je serais heureux d'entendre encore une fois le chant du *Kyrie,* du *Gloria* et du *Credo !* » Quel regret ! Mes bien-aimés frères, vous le savez, ce jeune homme aurait pu briller dans vos salons, y porter des sourires et des parfums, s'enivrer de vos concerts et de vos applaudissements ; il ne les regrette pas. Ce qu'il regrette, ce sont vos belles églises de Dijon, Saint-Bénigne, Saint-Michel, Notre-Dame, Notre-Dame surtout dont l'image s'est gravée avec prédilection dans ses souvenirs. Ce qu'il regrette, c'est le chant du *Kyrie*, ce cri de la douleur et cet appel à la miséricorde ; c'est le *Gloria*, ce cantique de l'adoration et de l'action de grâces ; c'est le *Credo*, ce symbole de la foi des apôtres et des martyrs. Il ajoutait gaiement : « Si nous sommes maintenant réduits au silence, au ciel nous nous vengerons ; là, nous chanterons mieux et plus fort que les Européens. » Oui, chantez maintenant, jeune martyr ! Ah ! ce n'est plus le *Kyrie*, ce cri de la misère ; ce n'est plus le *Credo*, c'est-à-dire la foi avec son regard voilé et lointain ; mais c'est le *Gloria*, le chant de la vision face à face, le chant de l'action de grâces, le chant de l'amour qui ne finit pas. Maintenant dites, dites votre *Hosanna* ; à nous de gémir et de pleurer ! Vous habitez le palais du Roi des cieux, c'est nous, à notre tour, qui habitons la cabane ; tandis que vous répétez votre chant de triomphe, nous en sommes encore aux notes tristes et gémissantes du *Kyrie*, et aux accents inférieurs du *Credo !*

Just est pendant huit mois entiers plongé dans un obscur travail, courbé sur ses livres coréens, épiant la joie du martyre, n'ayant pas même les consolations de l'apostolat. Je me le représentais tout à l'heure dans cette chambre étroite et sombre; et, triste d'avoir à improviser de si grandes choses et de les traduire dans un langage si faible et si pauvre, je lui disais : « O jeune martyr, je ferai comme vous, je balbutierai en parlant de vous, comme vous faisiez en Corée en parlant de Jésus-Christ. »

Mais c'en est fait, la couronne est prête, l'heure du sacrifice est proche. Une trahison va livrer la chrétienté de Corée....

La chrétienté de Corée, ai-je dit. Quel attrait elle a pour un martyr, cette chrétienté si souvent persécutée et toujours subsistante! Elle remonte manifestement aux inspirations de saint François Xavier, l'un des premiers-nés de cette illustre société qui a donné à l'Eglise, dans l'extrême Orient, tant de missionnaires et tant de martyrs. Décimée, appauvrie, l'Eglise de Corée se soutenait privée de prêtres; nous ignorons combien de milliers de chrétiens y vivaient secrètement attachés à la vraie foi et au Saint-Siége. Mais voici ce que nous savons. En 1811, quelques fidèles ignorés, qui appartenaient aux classes inférieures comme les Apôtres , se réunissent et écrivent une lettre pour demander des prêtres et des évêques. Savez-vous à qui ils l'adressent? — A Pie VII. Cette lettre va chercher le Pontife à Rome, mais il n'y était plus; elle vient donc le trouver captif à Fontainebleau. Et qu'écrivaient-ils, ces barbares habitants d'un pays inconnu? Que lui disaient-ils, à ce vieillard, à ce captif? Ils lui disaient : « Nous sommes chrétiens; nous n'avons plus ni prêtres, ni évêques; venez à notre secours, c'est vous qui nous sauverez. » Quelle démonstration, Messieurs, de ce qu'il y a de divin dans l'institution de la Papauté! Où qu'elle soit, les peuples les plus lointains se tournent vers elle; c'est d'elle et c'est d'elle seule qu'ils attendent la résurrection et la vie.

Que dirai-je de la persécution de l'année dernière? Les détails nous manquent, mais nous savons une chose : c'est qu'ils étaient là douze apôtres, et que neuf furent égorgés. On croit que votre jeune compatriote fut le premier immolé.

Cependant, avant qu'il ne fût trahi, livré comme le divin Maître, Dieu ménageait à Just une joie suprême : il ne voulut pas lui donner

la palme du martyre avant de lui avoir fait goûter les joies de la fécondité de l'apostolat. Jusqu'aux derniers jours de sa vie mortelle, le jeune
missionnaire avait pu dire : « J'ai travaillé toute
la nuit, Seigneur, et je n'ai rien pris. » Mais, à
l'aube blanchissante de l'éternité, il aura un
dernier coup de filet et un coup de filet heureux.
Son évêque était malade ; il n'avait pu visiter
les chrétientés les plus éloignées : on lui amène
trente-sept catéchumènes. C'est à Just qu'est
réservé le bonheur de conférer le baptême à
ces trente-sept néophytes, et cette joie lui sera
donnée la veille même de son martyre. Oh ! Il
peut mourir maintenant, car son apostolat a
été béni, il a été fécond, et il le sera bien plus
encore par le sang qu'il va verser !

Il y a aujourd'hui un an, peut-être à l'heure
où je vous parle. C'était le jour de la fête de
saint Jean de Dieu, de ce grand saint qui, Jésus-
Christ lui apparaissant un jour et lui deman-
dant : « Que veux-tu pour ta récompense ? »
avait fait cette réponse : « Rien, Seigneur, si ce
n'est de souffrir et d'être méprisé pour vous.
Domine, pati et contemni pro te. » Qui ne connaît
la réponse de saint Thomas d'Aquin à la même

question ? Le prince de la Théologie avait répondu : « Rien, Seigneur, si ce n'est vousmême. » Ce qu'il voulait, le grand Docteur, c'était la claire vision des choses qu'il avait enseignées. Mais Jean de Dieu ne souhaita que la croix, il ne demanda qu'à souffrir. Eh bien ! c'est précisément le jour consacré à ce grand Saint, que Just tombera martyr.

Nous ne connaissons pas toutes les circonstances de son supplice. Mais nous savons que, mené devant le Régent du royaume de Corée, il est resté ferme, inébranlable au milieu des tourments. Voyez : on l'attache avec de grosses cordes, on l'étend sur une planche, on lui rompt les jambes. Mais il dit avec saint Ignace d'Antioche : « C'est bien ! C'est maintenant que je commence à être un disciple du Christ. Je suis le froment de J.-C., je veux être broyé pour devenir un pain vraiment pur. Je veux que mon sang soit comme le vin qui jaillit du pressoir. Il est temps que je devienne une hostie digne de Dieu. Ici-bas, je suis encore esclave : frappez donc, brisez les liens qui tiennent mon âme captive et je serai libre, libre à toujours, avec Jésus-Christ ! »

Il est exaucé, le bourreau lui tranche la tête. Son évêque et deux missionnaires suivent la route sanglante et triomphale. Leurs restes, dignes de la vénération des siècles, reposent loin de nous, sur cette terre ingrate qui a bu si souvent le sang des martyrs. Ah ! sans doute, comme les premiers chrétiens aux jours des persécutions de l'Eglise naissante, sans doute les néophytes de la Corée auront observé avec un soin religieux le lieu où ont été inhumés les témoins du Christ. Sans doute ils veillent pieusement sur ce dépôt sacré. Un jour, espérons-le, ces précieux restes nous seront rendus ; un jour il nous sera donné de les environner d'honneur et de gloire !

Voilà, Chrétiens, ce qui se passait, il y a un an, à l'autre extrémité du monde : un peuple ameuté contemplait avec une curiosité féroce le supplice de ces étrangers venus d'Europe. Et vous, Chrétiens, vous étiez peut-être à l'heure de vos fêtes, vous vous abandonniez à vos joies mondaines, sans songer qu'un fils généreux de votre cité tombait au loin sous la hache d'un barbare.

Oui, la hache avait frappé, mais l'ange gardien de Just lui avait dit : « Fils des martyrs, montez au ciel. » Ouvrez-vous, portes éternelles, *elevamini, portæ æternales !* Voici que le Roi des Martyrs descend, et derrière lui vos vieux Saints, saint Etienne, le protomartyr, le premier patron de ce diocèse, saint Bénigne, votre apôtre, saint Symphorien, saint Bernard, sainte Chantal, la bienheureuse Marguerite-Marie, tous les saints de votre beau pays. Quel spectacle et quel enseignement ! Oh ! il n'est pas de gloire comme celle des martyrs. Remarquez, s'écriait saint Cyprien, remarquez bien les jours où ils sont tombés et gardez-en fidèlement la mémoire : *Annotate dies in quibus excidunt !*

Et pourtant, si Just avait soupiré longtemps après ce jour fortuné, jamais il n'avait ambitionné l'hommage public que nous rendons en ce moment à sa mémoire. « Mon ami, avait-il dit à l'un de ses amis du monde (et ce fut son dernier adieu), mon ami, priez pour que je sois bientôt martyr et que personne ne le sache. » Que dites-vous, mes frères, de cette parole? « Priez pour que je sois martyr *et que personne ne le sache.* » N'est-ce pas là la parole d'un saint?

Et maintenant instruisez-vous, instruisons-nous. *Et nunc intelligite, erudimini !* Quel exemple et quelle leçon !

Quelle leçon pour nous d'abord, pour nous, prêtres de Jésus-Christ ! Combien nos existences commodes au sein de notre Europe civilisée, combien nos dévouements que l'on encense, que l'on compromet, sont mesquins en regard de cette obscurité volontaire, de cette soif d'anéantissement et d'immolation ! Ah ! combien il importe que nous nous lavions dans la source de la pureté, de l'humilité, de la pauvreté, du sacrifice, pour racheter, pour sauver l'Europe vieillissante et épuisée ! Nous ne lui demandons pas ses trésors, oh non ! Nous lui demandons ses âmes, et si nous savons les mériter, ô mon Dieu ! elles ne nous seront pas refusées.

Et vous, gens du monde, que vous dirai-je? Pour vous aussi, pour vous, quel exemple et quelle leçon ! Un jour peut-être, l'Eglise placera le jeune martyr sur ses autels. Un jour peut-être une de vos rues portera son nom. Mais, en attendant, honorez sa mémoire en imitant ses vertus. Apprenez de lui à faire revivre dans cette cité le christianisme sérieux de vos pères.

Apprenez de lui qu'il ne suffit pas de faire le signe de la croix sur son front et sur sa poitrine, mais qu'il faut porter la croix dans son cœur. Croyez-moi, Dieu ne suscite pas pour rien les martyrs. Ce n'est pas sans des vues providentielles qu'il permet de pareils sacrifices, qu'il envoie à une cité de pareils exemples. Quand Dieu écrit avec du sang, c'est apparemment pour que nous soyons attentifs. Quand il en abreuve la terre, c'est pour y faire germer des chrétiens, c'est peut-être pour ressusciter des peuples !

Mes frères, avant de finir, permettez-moi un mot confidentiel. Lorsqu'il y a deux ans, Pie IX m'imposa les mains, lorsqu'il chargea mes épaules du fardeau terrible de l'épiscopat, il me disait : « Je crois à l'unité religieuse. Les peuples vieillis de l'Europe qui sont dans le schisme et l'hérésie, nous reviendront, parce qu'ils ont parcouru le cercle entier de l'erreur, nous devons les attendre ; mais ce qui me préoccupe, c'est l'Orient. » Et ce Pontife si grand dans sa simplicité, si serein au milieu de ses épreuves, laissa échapper presque un sanglot; des larmes vinrent à ses yeux, et il poursuivit : « Si j'avais des ouvriers, il me semble que je ressusciterais l'Orient ; mais les ouvriers me manquent ! »

Ah ! oui, Chrétiens, la moisson est abondante, mais tandis qu'au milieu de nous toutes les carrières sont encombrées, les ouvriers évangéliques font partout défaut.

Priez donc, afin que le maître de la moisson envoie des ouvriers dans ces pays lointains et délaissés.

Ah ! je vous en conjure, mères chrétiennes avant de sortir de cette enceinte (autrement vous ne seriez pas dignes de vous être associées à cette fête), agenouillez-vous, joignez les mains, et dites à Dieu du fond de votre cœur : « O Dieu, ô Jésus-Christ, votre vicaire demande des prêtres, des missionnaires ; qu'il en sorte de mon cœur, de mon sein, de ma famille !... » Et vous, jeunes gens qui m'entendez, ne serez-vous pas touchés de ce grand exemple ? ne viendrez-vous pas au combat ? Ne direz-vous pas comme l'Apôtre : « Allons, nous aussi, nous réunir au Christ, et mourons avec lui ! mourons pour lui ! »

O âme d'apôtre! ô âme de martyr! ô An-
toine! ô Just! inclinez-vous en ce moment vers
cette assemblée. Ici-bas, vous vouliez être ca-
ché et voilé; mais aujourd'hui, c'est le jour de
votre manifestation et de votre gloire. Aujour-
d'hui nous vous offrons une première couronne.
Faites-nous dès aujourd'hui sentir l'effet de
votre puissante protection : bénissez cette cité,
heureuse et fière d'avoir vu vos pas et de
conserver le souvenir de votre visage. Je ne
vous dis pas de bénir votre famille, vous la
bénissez tous les jours, et vous lui rendez
en honneur et en joie ce que vous lui avez
coûté de douleur et de sacrifice..... Bénissez
vos jeunes amis du monde et du sanctuaire!
Bénissez ce clergé dévoué, qui est accouru
à la première parole du Pontife pour honorer
votre mémoire! Bénissez ce vénéré pasteur!
Vous bénirez aussi les magistrats de la cité, et
votre Bourgogne bien-aimée, et la France, et
l'Europe, et la Corée..... Si j'ose y prétendre à
mon tour, que votre bénédiction, jeune Martyr,
s'étende aussi sur moi; qu'elle s'unisse à celle
de saint François de Sales pour la résurrection
des peuples morts dans l'infidélité de l'hé-

résie!..... Oui, bénissez-nous tous, bénissez le monde afin qu'il soit digne de donner le sang des martyrs, digne de comprendre le sacrifice, digne de l'admirer, digne surtout de le pratiquer toujours !

Ainsi soit-il !

Dijon, imp. J.-E. Rabutôt.

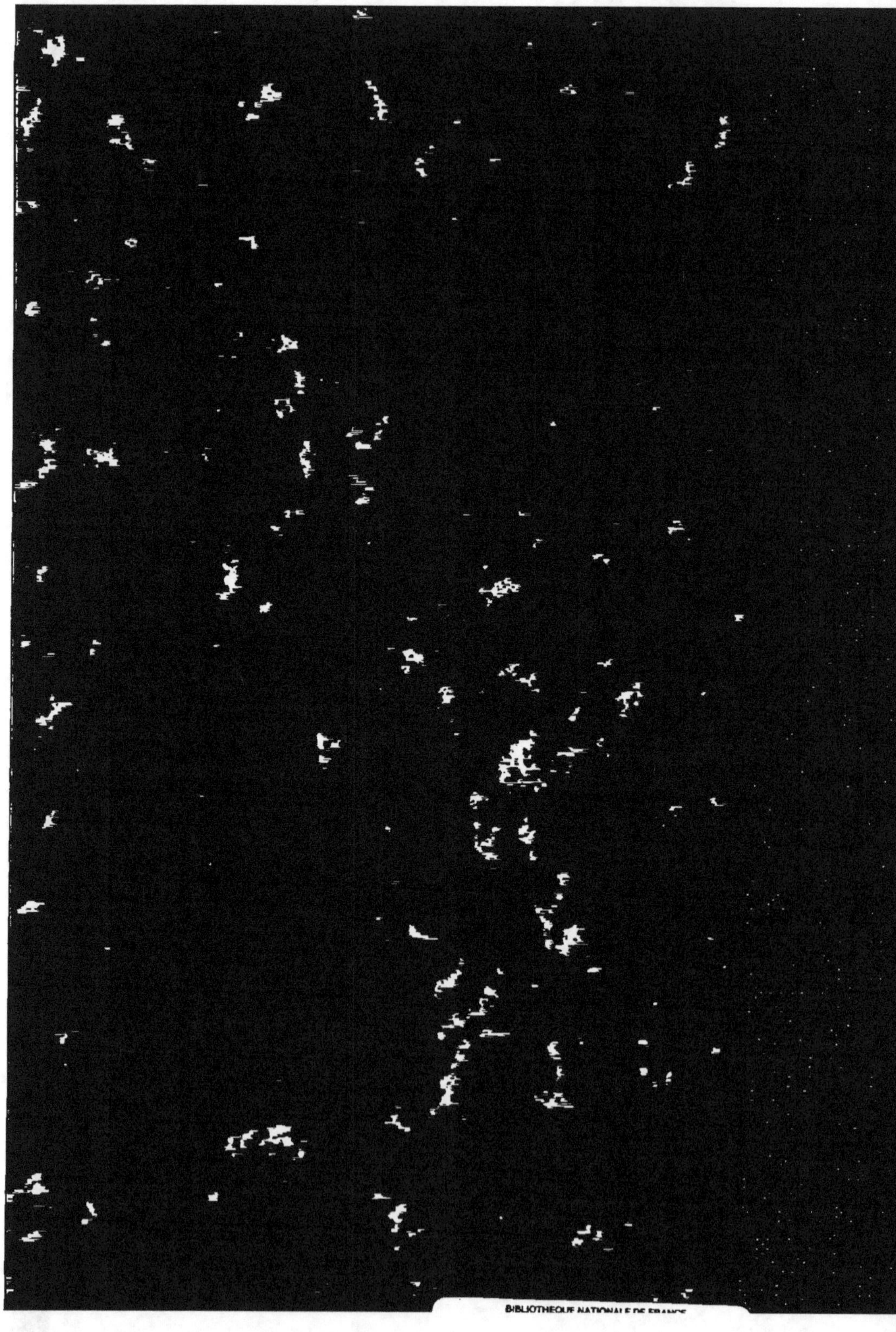